アメリカ人が伝える
ヒロシマ

「平和の文化」をつくるために

スティーブン・リーパー

岩波ブックレット No. 944

第1章　日本との「ご縁」

なぜ、日本に?

「なぜ、日本に来たのですか?」と、よく質問されます。私は三七歳から広島に定住し、五九歳で広島平和文化センターの理事長に就任しました。広島平和文化センターは広島原爆資料館(正式名・広島平和記念資料館)の運営母体です。その代表職をアメリカ人の私が任されたわけです。外国人としては初めてでした。ですから「なぜ、日本に?」はとても自然な問いかけなのです。

起点には、私の父が若いころに海軍で日本語を学んだということがあります。私は一歳のとき、父と一緒に日本に来ています。その後もいろいろなことがありました。しかし、正直なところ、「ヒロシマ」や「平和」につながる明確な意志や目的があったのではありません。そうかと言って「偶然」や「成りゆき」という表現では不十分に感じます。

では、どのように答えましょうか。

日本では「ご縁ですね」とよく言いますよね。その「ご縁」が私の感覚に最も近い答えであろうと、今、思っています(ちなみに、「ご縁」にあたる英単語は見当たりません)。

なぜ、広島に？

幼少期は日本で過ごしましたが、七歳から青年期にかけてはアメリカで育ちました。三七歳で来日するまでは普通のアメリカ人でした。「普通の」とは、「ヒロシマ・原爆・平和」というキーワードに特別な関心はなかったという意味です。

アメリカの高校の歴史教科書には一ページほど日本への原爆投下の記述がありました。そこに載っていた「きのこ雲」の写真が印象に残っています。また、文学の授業では、ジョン・ハーシーが著した『ヒロシマ』(邦訳『ヒロシマ』石川欣一・谷本清訳、法政大学出版局、一九七一年)という本を読みました。「読んだ」というよりも「読まされた」という感覚です。この本は世界的に有名で大切な書籍なのですが、当時の私には、あまり記憶に残るようなことはありませんでした。

大学では心理学を学び、卒業後、ウィスコンシン州の小児病院でカウンセラーの職に就いていました。将来的には心理学者になることを目指していたのですが、三三歳にして、経営コンサルタントという道に進むことになります(ある会社からリクルートされたのです)。そして三七歳のとき、日本での異文化コミュニケーションコンサルタントという仕事の紹介があり、それが日本へ移住するきっかけになりました。一九八五年のことです。

ところが、東京へ着いて間もなく、その仕事はキャンセルされてしまいます。困った私は、友人がいる広島へ向かいました。友人は私を広島ＹＭＣＡへ連れていきます。実は、私の父ディーン・リーパーは六年ほど日本のＹＭＣＡに勤めていました。そのことを知っていた友人の機転で広島ＹＭＣＡを訪ねたわけです。広島ＹＭＣＡでは「おお、ディーンの息子さんか」と、予想外の歓迎を受けました。さらに、英語教師の職が偶然に空いていて、「ここで働かないか」と誘われることになります。

なぜ、平和活動家に？

そうした経緯で私は英語教師として広島に住むことになりました。広島は自動車業界で有名なマツダの本拠地であり、そのマツダがアメリカのミシガン州に生産工場を作ったばかりでした。広島の人びととアメリカ人との交流が盛んになり始めていました。それで私は、本来、日本で取り組むはずであったコンサルタントの仕事にもありつくことになります。

当時（一九八五年）、広島では核兵器廃絶を目的とする世界平和連帯都市市長会議（のちに平和市長会議に、さらに二〇一三年には平和首長会議に名称変更）が初めての総会を開催していました。会場は広島と長崎です。私の周辺にはコンサルタントと翻訳の仕事が山のように持ち込まれました。それで、妻と二人の日本人と協力して、コンサルタント・翻訳・通訳の会社を起こしました。

そこから平和活動家や被爆者との交流が始まりました。とは言っても、最初の二年ほどは、自動車業界のコンサルタントの仕事に熱中し、「平和」という分野に心が動かされるにはいたりませんでした。

今、考えると恥ずかしいのですが、当時の私は広島にいるのに原爆資料館へ自ら足を運ぼうとは思いませんでした。友人に連れられて入ったことはありましたが、完全に「落とした側」からの視線でしか見ていませんでした。街が激しく破壊されたこと、想像を絶する熱風、放射能の人体への恐ろしい影響、いずれも、「受けた側」の苦しみについて考えることができなかったのです。

後に、私はその経験から、人間の思考についてあることを学んだような気がします。「人間には、他者の苦しみを知っていても、その苦しみを思いやることを拒否する一面がある。それはその人が生きていくために必要な能力かもしれない。しかし、とても危険であり、恐ろしく悲しい能力でもある」と。

人間の、こうした負の能力は誰にでもあります。たとえば、アフリカで多くの人が飢えて苦しんでいる現実を私たち(特に先進国)は知っています。内戦などで不条理に多くの人が命を落としている現実も私たちは知っています。

しかし一方で、私たちは平気でぜいたくな食事を口にでき、レジャーなどを楽しみに生きていくことができます……。そして、こうした感覚の延長線上に、「戦争」という行為までもが可能になるという構造があります。人間とは？　戦争とは？　を考えるとき、こうした人間の心の実相を知っておくことも大切だと思います。

さて、広島に住み始めて二年近く経っていたころでしょうか、私は『原爆の子――広島の少年少女のうったえ』(上・下、長田新編、岩波文庫)という本を友人の強い勧めによって手にとり、そのなかで、ある女の子の話を読みました。原爆投下直後のことでした。女の子は破壊された家から出ることができましたが、お母さんは、建物の下敷きになってしまいました。炎が激しく迫り、助けてくれる人もいない。お母さんは「走って逃げなさい！」、女の子は「いや、行かない！」……しかし、自分の服が燃え始めると、女の子は本能的に走り出した……。この話を読んだとき、なぜかその場面に自分自身が入ってしまいました。自分がその女の子の立場にあったら……、あるいは、そのお母さんの立場にあったら……、そういう思いで読んでいたら、涙が流れました。この経験には自分でも驚きました。今でもその読書体験を不思議であったと感じています。

このときの心の変化は「徐々に」ではなく、「光のように一瞬」のことだったと記憶しています。たとえば、水の温度が下がっていって急に氷になるように、私は広島という土地に住みながら、この物語によって急に心がふるわされた、という感覚です。とても個人的な心の変化なので、うまくお伝えすることはできませんが、このときから「受けた側」から原爆を見られるようになったと思います。

その後、多くの被爆者との交流があり、被爆体験の通訳や原爆関連の書籍の翻訳を手がけ、核兵器廃絶の活動に参加するようになっていきました。そんな矢先の一九九八年、インドとパキスタンの両国がにわかに緊張を高めます。そして同年五月、両国は相次いで核実験を行い、核兵器保有を表明するにいたりました。日本、とりわけ長崎や私が住む広島の核兵器廃絶を求める活動家たちは大変なショックを受けて、新しく幾つかの団体が組織され、インド・パキスタンに対する具体的な活動を起こします。

私は森瀧春子《もりたきはるこ》さんという方とグローバル・ピースメーカーズ・アソシエーション（GPA）を設立しました。それは、言語の垣根を越えて国際的な平和活動をめざす協会です（この森瀧春子さんのお父さん、森瀧市郎《いちろう》さんは、私が最も大きな影響を受けた被爆者の一人でもあります。森瀧市郎さんについては、五九〜六〇頁で紹介します）。そして、広島で英語で平和を訴えることのできる人を養成し、インド・パキスタンに派遣する事業を実施しました。

私は、その協会の活動として一九九九年に第一次インド・パキスタンへの平和行脚を、二〇〇〇年に第二次・第三次のインド・パキスタンへの平和行脚を率いました。さらには、他団体の活動として同じく二〇〇〇年、アメリカ先住民と一緒に東京から広島までのピースウォークを企画、実施しました。このころから私は、コンサルタント・翻訳家から平和活動家として生きていくようになったと思います。

やはり、「ご縁」でした

しかし二〇〇一年、五五歳のとき、私はアメリカに帰国しました。これは妻との約束で、妻の両親が八〇歳になったら介護のため帰国することになっていたからです。私は、もう少し日本で活動を続けたかったのですが、約束ですから守るしかありません。自分のできる範囲でやれることは十分やってきた、という自負もありました。

帰国を前にして友人がお別れ会を開いてくれました。そのとき驚いたことに、当時の秋葉忠利広島市長が駆けつけてくれました。秋葉市長とは、それまで平和活動を通じて度々お会いすることがありましたが、まさかの参加でした。その席で秋葉市長は、「アメリカに帰ったら国連へ行き、平和市長会議が国際舞台でさらなる成長をするにはいかなる方法があるかを調べてきてほしい」と、私にひとつのミッションを託したのです。これは私にとってとても嬉しい依頼でした。

二〇〇二年にアメリカに戻ると、早速、私はアトランタの自宅からニューヨークの国連本部に通い始めました。反核運動をリードするＮＧＯのメンバーたちに秋葉市長の意向を伝えると、みんなとても喜び、「あなたはこの会議に出席してください」「秋葉市長がＮＰＴ（核拡散防止条約）の会議に出席できるように手配をしてください」と助言をもらいました。助言通りに仕事を進めていると、平和市長会議が「核兵器廃絶のための緊急行動」を長崎で発表しました。二〇〇三年のことです。これを契機に平和市長会議は飛躍的に加盟都市を増やし、有名な「２０２０ビジョンキャンペーン」を展開します。そして、ついに国連を舞台に自分たちの会議を開催するにいたります。

もちろん、こうした展開は私ひとりの働きによるものではなく、多くの活動家による計り知れない努力のおかげであることはいうまでもありません。

私は二〇〇三年に広島平和文化センター専門委員を引き受け、日米間を往復する生活をするようになりました。そして、いくつかの大きなプロジェクトへの参加を経て、二〇〇七年、秋葉市長から広島平和文化センター理事長への就任要請を受けました。そこで妻と彼女の両親の承認を得て、私は再び広島へ移住することになったのです。

以上が、「私が日本へ来た理由」です。今、振り返ると、自分でも不思議な道のりであったと思います。父のことを先に少しお話ししましたが、日本のＹＭＣＡ職員だった父は、出張で北海道を巡教した後、一九五四年九月に函館から青森に向かい、たまたま乗船した洞爺丸で海難事故に遭い、亡くなっています。父は日米間の憎しみをなくすことを願い、活動場所を日本としていたようでした。事故は私が六歳のときのことであり、幼い私は父のそうした志を詳しくは知りませんでした。

ところが、今から一〇年ほど前に父の肉声（一九五一年当時）が入った録音テープがアメリカで見つかりました。それを聴いて、私は父の平和への思いを明確に知りました。そして、今の自分が父と同じ思いで日米を結ぶ活動をしていることに不思議なものを感じます。

私が日本に来て、そして広島に住み、長期間にわたり平和活動をしているのは、「偶然」という言葉では的確でなく、「運命」という表現でも違和感があり、やはり「ご縁」という言葉と人生観が最もふさわしいように感じています。

第2章　ヒロシマを世界に伝えたい——全米原爆展(1)

ヒロシマをアメリカに伝える

二〇〇七年四月、私は広島平和文化センター理事長に就任しました。大きな仕事が待っていました。それは、その半年後に企画されていた、広島市がアメリカ各地で展開する「全米原爆展」(正式名・全米における原爆展)というプロジェクトです。開催直前の新聞取材に、「今は、全米原爆展を成功させるのが、理事長としての私の最大の使命です」と意気込んで答えたことを思い出します。

全米原爆展が企画される発端は、二〇〇六年秋だったと聞いています。芥川賞作家・米谷ふみ子さんが秋葉広島市長と面談したときに、「アメリカで原爆展をやってみなはれ」と提案されたのがきっかけです。アメリカ在住の米谷さんは、その三年前ぐらいから、カリフォルニア州でご主人らと原爆展を開催していました。その経験から、「アメリカ人の原爆投下に対する理解はひどい状況です。広島市として大規模な原爆展を全米で展開しては?」と話され、それを受けて秋葉市長が具体的な企画へと推し進めたわけです。

原爆展の準備段階でのエピソードを一つ紹介しましょう。被爆者やスタッフの旅費、展示ポスターの製作・搬送費、アメリカ国内でのPR費などの予算は、会議で話し合われていました。しかし、準備を進めるなかで、アメリカ国内でのPR費が当初の予想以上に必要だと気づきました。それは、現地の開催者からPRの要望が相次いだためです。確かに、開催地域で新聞広告などを使ってPRしなければ、展覧会にも講演会にも人が集まらないだろうと、アメリカ人の私は強く危惧していました。

この危惧を秋葉市長に持ちかけてみました。市長とスタッフが相談した結果、市民に寄付を呼びかける案が浮上しました。寄付を募るのは、PR費を受け入れ側に負担させないためと同時に、このプロジェクトに広島市と日本の市民の強い思いが込められているという姿勢を示すためだったと記憶しています。急いで募金のシステムを作り、募金の目標額を六〇〇万円としました。しかし、この金額を実現するのは難しいだろうと関係者の誰もが思っていました。

ところが、です。募金開始から非常に短い期間に一〇〇〇万円を超える寄付が集まったのです。これにはスタッフはもちろん、私もとても驚きました。寄付は全国から集まりましたが、やはり大半は広島市民からです。このとき、「ヒロシマを世界に伝えたい」という広島の人びとの熱意を、私は感じずにはいられませんでした。このことからも、私がこのプロジェクトを必ず成功させねばならないと意気込んだ理由をおわかりいただけるでしょう。

このプロジェクトを成功させるカギは、なんと言っても、アメリカ各地の受け入れ態勢をどのぐらい整えられるかということでした。これが準備段階での最大の仕事でしたが、いろいろなことに悩まされました。

たとえば、多くの平和団体にアプローチをしましたが、二〇〇七年ごろのアメリカでは平和活動家でさえ原爆被害に関心のある人は多くありませんでした。当時はG・W・ブッシュ政権下で、「大量破壊兵器を持っている」という理由でイラクと戦争をしていました。このようなときに「核兵器は恐ろしい」と訴えると、「そのような恐ろしい大量破壊兵器を持っているというイラクを攻撃するのは当然」という論理にすりかえられることもありました。そのような形で、私たちがブッシュ政権を支持していると誤解されて、アメリカの一番大きな平和団体が協力に躊躇する場面もあり、少々戸惑ったりもしました。

しかし、アメリカに住む日本人、日本での生活経験のあるアメリカ人、祖父母が被爆者であったり、広島・長崎をはじめ日本に縁のあった人たちが、私たちの活動を理解し、原爆展の開催に尽力してくれたことで助けられました。

受け入れ先として、大学などの教育機関や、キリスト教会にもアプローチをしました。すると、ある教会からは次のような返事が返ってきました。「恐ろしいポスターを教会内に展示したくない。写真が与えるイメージは、それを現実化させる力をもっているから」と。つまり、「怖い写真は、怖い現実を呼ぶ」という懸念でした。実は、この教会を運営する理事の一人が私の友人で、彼を通じて依頼をしていたので、きっと協力してくれるだろうと思っていました。それだけに、断られたのはショックでした。彼自身も教会の結論は想定外だったようです。人や組織はそれぞれに、さまざまな思想や観念がある……。そう受け止めざるを得ない心境でした。

このような苦労はありましたが、アプローチの仕方によっては、スムーズに受け入れ同意にこぎつけられることも経験しました。たとえば、「原爆展を開催してください」とお願いをするだけでは了解を得にくいわけですが、「ポスターや、原爆についてわかりやすく書かれた本、被爆者の証言を収録したＤＶＤ、千羽鶴などを広島市から寄贈します。さらに、条件が折り合えば、被爆者の証言を直接に聴くことも可能です」と話を持ちかけると、まずは前向きな対応をしてくれたり、実際に協力者となってくれることもありました。

今、当時を回想して言えることですが、ヒロシマとアメリカをつなぐために、理事長の私がアメリカ人であったことは、いくらか役に立ったのではないかと思います。その意味で、秋葉市長をはじめ、ヒロシマの人びとは、現実をとてもよく見ていたのだと思います。アメリカ人の私がヒロシマ、特に被爆者の方々とチームを組んだことは、全米原爆展の準備段階から開催まで、よい効果をもたらしました。私だけでは、あるいはヒロシマだけではできなかったことが、日米混合チームとして協働することで可能になったように思います。

そして、二〇〇七年の夏が過ぎ、いよいよ原爆展開催の時期を迎えました。渡米する被爆者の方々の熱意、関係者の懸命な準備により、私たちは充実したスタートラインに立っていました。ただし、私に不安がなかったわけではありません。と言いますのは、第1章で述べたように私自身、以前は「普通のアメリカ人」であったわけで、原爆を「落とした側」からしか見ることができなかった感覚を覚えていました。実際に多くの世論調査で、アメリカ市民の半数以上が「原爆投下は正しかった」と答えているのです。そうした「普通のアメリカ人」のなかへ、原爆展と被爆者証言の陣頭指揮者として私が行くわけです。言わば、母国と批判的に向き合うことになります。現地でのトラブルは十分に想定しておかねばなりません。

それなりの覚悟をもって私は母国へと向かいました。

オハイオ州にて

広島市がアメリカ五〇州で開催を目指す原爆展は二〇〇七年九月にスタートしました。私がその最初の現場に出向いたのは二〇〇七年一〇月一九日、オハイオ州のマウントユニオン大学を会場にしたものでした。パネル展示とともに、講演会が設定されていました。最初に私が企画内容を説明し、続いて被爆者が証言をします。そして再び私が核兵器廃絶の大切さをアピールし、最後に質疑応答という流れです。集まったのは同大学の学生と卒業生。一般の人びとの姿もあり、地域に対してオープンな形で参加を呼びかけたようでした。

入場者が一様に、どこかおびえた顔をして集まってきたのをよく覚えています。私自身も緊張していました。私は企画の説明とともに、政治的なことにも言及しました。聴衆の顔は、依然緊張感に包まれています。私は「戦争責任」や「原爆投下の是非」を語っているつもりはないのですが、聴衆はアメリカが批判されるのではないかと構えているように思えました。

続いてマイクを持った被爆者は日本語で語り、私が通訳をしました。私は自分が説明していたときと同様に、聴衆の顔を見ながら通訳をしていましたが、聴衆の表情が変化したのに気がつきました。多くの人がうなずいたり、話の内容に理解を示しているように見えたのです。それには理由がありました。被爆者の話は憎しみや戦争責任のことではなく、自分の苦しみ、そして「家族愛・隣人愛」の話だったからです。惨禍のなかで生き残った人びとは、家族や地域の人びとに助けられて命をつないだことを思い出し、その記憶を辿るように丁寧に語るのです。聴衆の表情は、いつしか穏やかなものとなり、会場はとてもあたたかい雰囲気になっていました。会場にいる人は皆、被爆者の人柄や証言に引き込まれたようでした。通訳をする私もその一人でした。講演会が順調に進行しつつあることに安堵を感じていました。

全米原爆展でのパネル展示の一例．2008 年，カリフォルニア州(写真提供：広島平和記念資料館啓発課)．

ところが、質疑応答の時間となり、ある男性がマイクを手に発言しました。「これは pity party だ！」と。「pity」とは「同情する」とか「憐れむ」という意味です。つまり「これは、お涙頂戴《ちょうだい》の会じゃないか」と感情的に語ったのです。彼は語気を弱

被爆者証言を聴く人びと．2008 年，カリフォルニア州（写真提供：広島平和記念資料館啓発課）．

めることなく、「日本人が被害者のような話だ。日本がどれほど悪いことをしたか！」と続けました。たしか七〇歳代の退役軍人の方だったと記憶しています。自身の思いをストレートに言葉にされたようです。会場はそれまでにない異様な雰囲気となりました。

私がその発言に応える番でしたが、意外にも別の聴衆から発言がありました。五〇歳代の男性です。「これは大事な話です。pity party ではない。現実を知らない人が多いのです。核兵器のことは大切な問題です」。先の発言者への反論でした。私自身、聴衆が登壇者（私や被爆者）を批判することは想定していたものの、参加者同士が意見をぶつけあうとは思ってもいませんでした。

このように私にとっての初回は、波乱の幕開けでした。

しかし、この経験はその後への大きな学びとなりました。私は最初に企画の趣旨を説明するとき、必ず次のように言い添えることを覚えました。

「広島市が多額の予算を費やして私たちをこの地へ送ったのは、アメリカを批判するためではありません。アメリカの過去を責めたり、謝罪を求めてのことではないのです。核兵器の脅威は、まったく解決されていない問題であることを伝えるためです。私たち人類の将来に対する警告を伝えるためです」。

このことを明確に話すようになってからは、質疑応答の際に「pity party!」のようなコメントを受けることはなくなりました。

モンタナ州にて

ツアー序盤は、このように戸惑うこともありましたが、それでも回を重ねるうちにいろいろな学びがあり、本来の自分たちの活動趣旨を確認しながら、起こりうるトラブルを未然に防ぐこともできるようになっていました。

こうしたことは、アメリカ各地で証言する被爆者の態度から私が学んだことだと思っています。被爆者が語る内容、その語りによって作られるあたたかい雰囲気を、企画全体の最後までいかに壊さないようにするかが私の役目でもあると気づかされました。

ところが、ツアーも中盤に近づいたころ、思いもよらないトラブルに遭遇します。モンタナ州のボーズマンという町でのことです。ある大学教授が同州における私たちのツアーを受け入れてくれました。話を聞いて、地元の小学校でも講演を、ということになりました。小学生の前で話すことに慣れてはいませんでしたが、せっかくの依頼でもありますので、私たちは引き受けました。

このときも、私は被爆者の態度と努力に感動していました。被爆者は小学生が理解できるように配慮し、顔や手に今も残る傷跡（ケロイド）を見せるなどして丁寧に語りかけていました。

「もう誰も、このような恐ろしい爆弾の被害者になりたくないよね」。

「軍人となって、戦争に行きたくないよね。お互いに平和な世界に住みたいね」。

子どもたちは拍手をして、その被爆者（女性）の話を受け入れたようでした。終了後、子どもたちと被爆者はハグをするなど、講演会は大成功のように思えました。

数日後、私たち一行は次の町ミズーラへ移動していました。そこに、あの大学教授から電話が入り、「今、ボーズマンの町では、この間の小学校での講演が大変な問題になっていて……」と言うのです。

詳しい事情はこうでした。小学校での講演時、数人の保護者が被爆者の話を聞いていました。その一人の友人に、地方紙のコラムニストがいました。その地方紙は保守性の強い立場です。講演を聴いた保護者がコラムニストに自分の感想を伝え、それを受けてコラムニストが記事を書いたというのです。ヒロシマから来た被爆者と私が小学生を次のように洗脳した、と。

「核兵器は悪い兵器であり、軍隊の存在もよくない」。

さらには、ツアーや被爆者を受け入れた大学教授、そして小学校の校長にも、辞職を促すような厳しい論調で非難を浴びせかけたというのです。

この知らせを受けて、私は完全に動揺してしまいました。私たちの平和活動に理解を示してくれた小学校の校長がその職を失うかもしれない……。私たちは、すぐにボーズマンに戻って問題解決に努力すべきかと焦りました。しかし、町に着いて何をなすべきか、見当もつきません。大学教授から「もう少し様子をみてから……」との助言もあり、ともかく、すぐに動かない判断をしました。

全米原爆展で講演をする著者．2008 年，ペンシルバニア州（写真提供：広島平和記念資料館啓発課）．

さて、結果から言うと、事態はその後、意外にも好転したのです。ボーズマンの住民数人が私たちを擁護する手紙をその地方紙の編集長に送付してくれたそうです。「被爆者は軍隊を批判したのではない。戦争の恐ろしさを小学生に語ったのだ」と。そうした手紙が同紙関係者の感情を抑えることにつながり、おかげで、小学校の校長が職を失うこともありませんでした。

このボーズマンでの出来事は、私たちに多くのことを教えました。

まず一番目は、小学生は、あまりに純粋であり、聞いた話を自分自身で考えて吸収するには、まだ幼いのではないかということ。このとき以降、小学校での講演依頼は慎重に判断するようになりました。

二番目は、核兵器を非難することと、軍隊の存在とは別の問題であると認識して講演をすべきこと。この件は、保守的な町においては特に注意すべきことだと痛感しました。

三番目は、決して動揺したり、パニックにならないということ。これは精神面でとても重要なことです。

三番目についてもう少し詳しく言うと、聴衆に何か誤解を与えたとしても、自分たちにはそのトラブルをコントロールできる力はないということを私たちは悟ったのです。もしあのとき、動揺した状態のままボーズマンへ戻っていたら、かえって事態を混乱させていたかもしれません。この町の場合、住民同士が意見を交換し、結果的に誤解を超えて問題を解決してくれました。連絡をくれた大学教授やさらには日本と関係のある人たちもこの問題を解決するために、私たちの知らないところでさまざまな尽力をしてくれていたのだと思います。

この事例を通じて、私たちはどこの町であっても、そこに住む人びとが私たちの訪問を適切に受け止め、問題が起こってもそれに冷静に対応してくれる心と行動力があることを教わったと思っています。その後、各地に赴く際、その地の住民を信頼して講演会を実施するという心構えが得られたように思います。

ルイジアナ州にて

アメリカ南部のルイジアナ州でも忘れ難い場面がありました。
まず、現地の英語は聞き取りにくいものでした。日本の方は意外に思うかもしれませんが、ルイジアナは元フランス領であったため、フランス語が混じった英語なのです。打ち合わせがスムーズに運ばないこともありました。こうしたことからも、アメリカの国土の広さや国の成立事情を感じ取っていただけるかと思います。

同地ではまず、平和団体に相談をもちかけて開催場所を探しました。その団体に教会の神父(カトリック)がメンバーとして在籍していて、その縁で教会を会場とすることになりました。とても大きな教会でした。この町も保守的な地域で、参加者は例にもれず、固い表情で集まってきました。それでも私たちも回数を重ねてきていますから、講演会は順調に進行できていました。特に被爆者の証言は十分に参加者の心を捉えていたように思います。

このルイジアナの講演では、アメリカ在住の私の妻エリザベスが被爆者証言の通訳をしていました。当初は私が一人で、主催者との打ち合わせ、企画の趣旨説明、通訳、終了後の懇親会などをこなしていましたが、声を使いすぎたようで限界の状態にありました。そこで、エリザベスが途中から公式の通訳スタッフとなり、一緒に活動していました。被爆者とエリザベスはとても相性が合ったようでした。おかげで私の声は保たれ、また懇親会でも私は地域の人の感想などを聴いて回ることができるようになりました。彼女のツアー合流はいろいろな意味で大きなプラスと

被爆体験を語る寺本貴司氏(中央)と通訳のエリザベス(右).
2008年, ジョージア州(写真提供：広島平和記念資料館啓発課).

なりました。

ここは地方の町ですから、「日本から被爆者が来る」というようなイベントはおそらく初めてのことであり、地元メディアが事前に大きく告知してくれていました。さらに講演会そのものが地元テレビに取り上げられ、ルイジアナ全州で放映されました。それまでは大都市での開催が主眼でしたが、このころから地方で実施する意義を知り、大都市以外での開催にも力を入れるようになっていました。

教会での講演会に話を戻しましょう。被爆者が語り、エリザベスが通訳します。会場はとてもあたたかい雰囲気となり、質疑応答も荒れることなく、閉会に近づきました。私たちは壇上から降り、神父とともに教会の中央の通路を通って出ました。そして、出口にならんで立ち、参加者一人ひとりを見送るのです。これは教会行事の閉会時に行われる儀式のようなものです。来たときと同じように、怖い顔をしたまま帰っていく人もありました。それは仕方ありません。

一回の講演会で、すべての人の心ががらりと変わるわけではないのです。形ばかりの握手をする人、なかには握手すら拒否する人もありました。

一方、好意的な反応もあります。ある人と少し会話をするうちに、その人が遠くから車を走らせてきたことを知りました。地元メディアの告知で知ったとのこと。この人は八歳の子どもを連れて、とにかく参加してみようと駆けつけてくれたのです。子どもは被爆者と握手をしていました。政治的なことはともかく、この町の人びとは、ヒロシマからの訪問者を純粋なあたたかい気持ちで迎えてくれていたように思います。

それから、こんな光景もありました。証言を終えた被爆者(女性)に、ある女性が駆け寄り握手を求めました。そして自分のブレスレットを外して「神の恵みがありますように」と言って、被爆者の手にはめてあげたのです。このようなフィナーレの記憶は、まるで映画の一シーンのように今も私の心に留まっています。

第3章　アメリカ人とヒバクシャ——全米原爆展（2）

「アメリカを憎むか」

ツアーが開始されて一年近く経ったころ、あるギャラリーで原爆展を開いたときのことです。開会式を無事に終えて、関係者二〇人ぐらいで食事をしながら歓談していました。とても和やかな雰囲気で、お互いの立場もあまり気にせず、会話を弾ませていました。ただ、時として緊張が解けたときに本音が出ることもあります。

「原爆投下は仕方がなかったと思う」。

「そうだね、日本は最後まで戦うつもりだったのだから……」。

私の席に近い人たちがこのような会話を始めました。会話は続き、「原爆投下は正しかった」、そして、原爆展自体にも批判的な言葉へと発展します。難儀なことにその人たちはギャラリーの有力な理事であり、普段から資金面で貢献している面々です。その会話を耳にした原爆展の主催者は驚き、とても困った様子でした。どこの団体でも同じだと思いますが、組織に多くの資金を提供している人には気を遣うものです。

主催者側の人びとは、私がなにか反論するのではないかと心配しているようでした。私も主催者を困らせることはしないでおこうと感情を抑えているものの、「はい、そうですね」とも言えません。ソフトに自身の意見を述べました。しかし、それでも和やかだった食事会にたいへんな緊張感が走ったことを覚えています。その後、口論などにならなかったのが幸いでした。

前章から全米原爆展の様子をお伝えしてきましたが、実はこのような基本的な認識の違いが、ほとんどの会場で人びとの根底にありました。実際に言葉で言うか言わないかは別にして、アメリカ人同士の間に、いや、一人のアメリカ人のなかにも、常にこうした「心の葛藤」があったのです。

こうした葛藤がはっきり形にあらわれたこともありました。ある町での原爆展にひとりの男性とその母親が足を運んでくれました。彼の父は、広島に原爆を投下した爆撃機に、さらに長崎に原爆を投下した爆撃機にも乗っていたそうです。彼は次のように発言しました。「原爆投下は絶対に必要だった。そのことで戦争が早く終わった、と父はいつも話していました。自分もそう思います」と。私は即座に「これはトラブルになる」と思い、言葉を選びながら「私は原爆を不必要だと思っています。この議論は過去のことではなく、将来のことです」と対応しました。

彼は「その考えには賛成です。原爆はもう絶対に使用してはいけません。過去については、あなたと意見が異なるが、将来については同じです。けれども、日本への原爆投下が必要であったかどうかについては、さらに検証したいものです」と答えました。

この男性とは、その後も電子メールでやりとりが続きましたが、彼が病気になってしまい、それ以降、交信は途絶えました。

私は、「原爆投下の是非」を問うことに前向きではありませんでしたが、彼がそのことにこだわる気持ちは理解できました。感情的にこだわらずにはいられなかったのかもしれません。しかし、彼が母親と原爆展に来るには、相当の勇気が必要だったと思います。彼にとっては父親であり、母親からすれば夫である人が落とした原爆によって焼失した町の写真や苦しんだ人びとがいる場に足を運んできたのですから。

彼らは、被爆者の話を聴き、被爆者と向かい合うことによる「精神的な和解」を求めてその会場へ来てくれたのではないかと、今は思っています。

もう一つ印象に残っているのは、アメリカ南部の会場での一幕です。被爆者証言のあとに参加者から次の質問が投げかけられました。

「アメリカを憎むか」。

被爆者(男性)は毅然として、

「母を殺されたことを恨んだこともある。しかし、原爆投下から六〇年以上を経た今、皆さんに責任はない。恨む気持ちもない。平和な未来を創るために歩みたい」と答えました。

その後、聴衆からは「原爆は一〇〇万人の命を救ったと教わった。原爆投下を正当化するそのような情報しか知らなかった」「核兵器は許されない」などの意見が続きました。

被爆者の証言

全米原爆展は、パネル展示とともに被爆者の証言や質疑応答が主眼であったことは言うまでもありません。実際の証言の場面、それに対する聴衆の様子などを、私はいくつも思い出すことができます。

ある高校でのことでした。生徒たちが講堂へと入ってきます。退屈そうなそぶりで椅子にすわる生徒がいました。女子は髪の毛を触ったり、指の爪を見たり、あるいは携帯電話のメールを見たり……。そのような態度の生徒が何人もいました。「重い話だから、少し距離を置きたい」という気持ちだったのかもしれません。

しかし、証言が進むにつれて、生徒たちの様子が変わっていきました。父の死、母の黒焦げた姿、親友の溶けた体を踏みながらも逃げ出さねばならなかった惨状の話になると、もう泣き出す生徒もいます。

原爆投下直後に、核爆発からの熱線により皮膚が爛《ただ》れて剝《は》がれてしまい、その皮膚が手の爪先からだらりとぶらさがっていたという話を、読者の方々も今まで聞いたことがあるかもしれません。生徒の前で、被爆者はその経験を次のように語りました。

「焼き爛れた皮膚をぶらさげたまま、両手を挙げて歩きました。比治山という場所に怪我人や避難者が集まっている体育館があり、そこまで手を挙げて行きました。垂れ下がっている皮膚は自分のものだと考えて歩いていました。横になれるところを見つけ、皮膚を汚さないように、身

高校での被爆者証言．2008 年，ルイジアナ州（写真提供：広島平和記念資料館啓発課）．

体の横へ、きれいに伸ばすように置いて寝ました。朝、起きると、その皮膚は硬くなっていて、兵隊のような人がハサミで切りました。そのとき初めて、その皮膚が自分のものではなくなったと感じました」。

この話には、エリザベスも通訳をしながら動揺しているようでした。事前に被爆者と通訳者はある程度の打ち合わせをしてはいるのですが、さすがにこの場面では感情移入したのかもしれません。被爆者の日本語、通訳者の英語が、静まりかえった講堂に響いていました。

アメリカでは生徒の反応はとりわけ素直でした。ここに紹介した高校でも、終了後、被爆者の前へ集まってきて謝ったり、ハグをしたり、手を握ったりと、日本から来て大切な話をしてくれた被爆者に、一人の人間として何かを表したいという彼らの気持ちが、私たちにもよく伝わってきました。また、被爆者が身内の話をしたときは、幾人もの生徒が泣きだしました。質疑応答になると、

「その後、お母さんは？　妹さんは？」と尋ねました。家族の話になると、同じ人間として、お互いに近い感情が動くのです。

アメリカの生徒のすべてが、こうした話を聴く機会に恵まれたならば、「アメリカが核兵器を保持する政治体制ではいけない」「このような悲劇は誰にも経験させてはいけない」という意識が社会全体に高まるに違いない。私はツアー中、何度もそう感じていました。

被爆者との思い出

ツアーに協力してくれた被爆者は計一六人でした。広島平和文化センターに「被爆体験証言者」として登録している方々、または原爆被害者団体協議会などの団体からの参加、さらには在米の被爆者も参加してくれました。それぞれ、人知れぬ努力と他者への深い思いやりをもってツアーに臨んでくれました。広いアメリカ大陸を長期遊説する旅です。まして高齢の方々です。さぞ、肉体的にたいへんな日々であったと思います。けれども、いざ演台に立てば全身全霊で語り、質問にも丁寧に答える姿には何度も感動させられたものでした。

ツアーにはいろいろな苦労がありましたが、被爆者の方々は、とりわけ食事には困ったことと思います。移動の多くは、ワゴンタイプの自動車です。私またはエリザベスが運転し、かなりの距離を走りました。その際、国道沿いのドライブインで食事となります。町の中心部まで走れば、日本人にも喜んでもらえるレストランがありますが、ドライブインでは、あまり繊細な料理は期待できません。しかし、講演の予定はかなりタイトに組まれていましたので、道を急ぐため国道沿いで度々食事をしなければなりませんでした。

何にでもケチャップ、マヨネーズがかけられ、お皿に盛られた牛肉やつけあわせはうんざりするほどの量で、食欲が減退させられたことと思います。あとで聞いた話ですが、被爆者の方々はホテルに着いたら、インスタントの味噌汁や日本茶を飲んで体調を整えていたそうです。日本へ帰国後、疲労のため体調をくずした方もいました。しかし、被爆者の方々がツアー中に食事に関する不満や要望を口にしたことはありませんでした。

精神的な負担も大きかったと思います。被爆者の方々は講演時間の長さに柔軟に対応し、話の仕方も要領を得ていました。普段、広島で修学旅行生に、また、日本の各地で何度も話をしているからです。それでも、思い出すだけで辛くなることを、初めての土地、しかもアメリカで語ってもらうわけですから、私たちには想像のできない苦労をしたことでしょう。聴衆の質問が厳しく、答えに窮する場面も、しばしばありました。

被爆者の証言を聴くアメリカ人の側は、戦争や原爆に関する知識が人によってさまざまでした。たとえば中学生ぐらいでしたら、過去に日本とアメリカが戦争していたこと、原爆が投下されたことを全く知らない生徒もいました。ですから、私たちスタッフは事前に学校の先生と相談し、日米の戦争のことなど、基礎知識を生徒たちに持ってもらったうえで被爆者証言を行うようにしていました。被爆者はそうしたさまざまな状況を的確に理解して、わかりやすく話をしてくれたものです。大人に対してもパネル展示を見るだけでは伝わりにくい部分を補足して証言する被爆者もいました。

日本からたくさんの折鶴や紙飛行機を持参している方もいました。講演会の最後に聴衆へプレゼントするためです。本人だけでなく、広島の人びとが折った折鶴です。そして、紙飛行機の上に折鶴を載せてプレゼントしました。「平和を運ぶ飛行機」をイメージして、特に子どもたちへ手渡されました。

アメリカで被爆証言を行うことは被爆者の方々にとって大きなプレッシャーだったと思います。それでも、いつもお互いを励まし、プロジェクトを成功させることだけに集中していたように思います。一人ひとりの人柄や、きめ細やかな努力を思い出すと、あらためて感謝の念が湧き起こります。

被爆者証言．2008 年，フロリダ州(写真提供：広島平和記念資料館啓発課)．

全米原爆展から学ぶべきこと

以上、全米原爆展についてどちらかと言えば、トラブルや精神的な葛藤を中心に紹介してきました。

ホールで被爆者証言を聴く人びと．2008年，ルイジアナ州(写真提供：広島平和記念資料館啓発課)．

良い思い出や、大きな成功を収めた州・地域は、書ききれないほどあります。にもかかわらず、それに紙面の多くを費やさなかったのには二つの理由があります。

まず一つ目は、良い報告は新聞記事や記録資料などに、その多くが残されているからです。関心のある人はそれを探して読むことができますし、ぜひ、そうした報告を読んでもらいたいと思っています。しかし反対に、トラブルや心情的な葛藤は、記録としては残しにくい内容でもあります。

二つ目の理由は、トラブルや心情的な葛藤のなかに、問題の本質が潜んでいると考えるからです。核兵器がない世界を求めることは、人類のほとんどの合意になっています。しかし、原爆投下から七〇年以上も経つ現在においても、なぜ、私たちは危険極まりない核兵器に囲まれて生きているのでしょうか。その問題の本質の一端を、全米原爆展の開催を通じて、私たちは学んだように思っています。

とりわけ強調しておきたいのは、アメリカ人も核兵器を決して好んでいるわけではないということです。核兵器に関する知識が乏しく、考える機会に恵まれていないというのが実際のところでした。

ここに書いた「問題の本質」は複雑なものです。議論をすれば、どこまでも平行線になる可能性がある感情的問題も含まれています。けれども、解決への糸口もあるのです。何度も申し上げたように、人は互いに和解を求めようとする感情を持っています。また、被爆者の証言を聴いた学生の反応のように、目の前の人の苦しみを必死で受け入れようとする感情も持っています。

核兵器の脅威から自分たちや他国の人びとを守っていくために人間がすべきことは、まだまだたくさんあります。そのことを、全米原爆展が私たちに教えてくれたのではないかと私は思っています。

エリザベスと私は、通訳の時だけではなく、プライベートでも、被爆者の方々と多くの時間を過ごしました。被爆者自身もアメリカで証言するのは初めての人がほとんどです。事前に打ち合わせをしましたが、現場の雰囲気や聴衆からの質問により、打ち

パネル展示を読む女性．2008年，テネシー州（写真提供：広島平和記念資料館啓発課）．

合わせにはなく、本人も初めて口にするような内容もときにはありました。そのときは、通訳の私たちも一人の聴衆として心を動かされたことを思い出します。

このような貴重な経験をさせていただいた者として、私の核兵器廃絶への思いはますます強くなっています。次章からは、核兵器の現状と廃絶への道を、わかりやすく書き進めます。この差し迫った現実を、読者の方々も一緒に考えていただければ、と思います。

第４章　核兵器をなくすために

ここまで、私と日本との「ご縁」の話から始めて（第１章）、二〇〇七年から二〇〇八年にかけて開催された全米原爆展での経験をお伝えしてきました（第２、３章）。

そして、人類が核兵器のない世界を望みながら、ヒロシマから七〇年を経た今日においてもなお核兵器を廃絶できていない現実――その原因の一端を探ってきました。

以下、第４章と第５章では、問題の本質を国際政治の現実のなかで見つめながら、実現可能な核兵器廃絶への道筋を明らかにしていきたいと思います。

核の冬

核兵器をなくす国際世論が圧倒的なうねりになれば、被爆者たちの核兵器廃絶の願いが達成される日は遠くありません。七〇年もの間、被爆者や志を同じくする人たちは懸命に努力を重ねてきました。それにもかかわらず圧倒的なうねりは、なぜ起こらないのでしょうか。その理由の一つは、世界の多くの人びとが残念ながら、ある「思い込み」をしているからなのです。

たとえば日本の方々も、次のように考えているのではないでしょうか。

「核兵器はまず使用されないだろう。万一、核兵器が使用されたとしても、それは日本ではなく、どこか遠い場所でだろう。その時点で、日本に直接的な被害はないと思う」。

しかし、そのような「思いこみ」を真っ向から覆《くつがえ》すような研究があります。

一九八三年、アメリカの宇宙物理学者、カール・セーガン氏は「核の冬」という研究論文を発表しました。そこで彼は、現在の核兵器が地球のどこかで使用されれば、地球レベルの壊滅的な天候異変を引き起こす、と論じています。

簡単に説明します。もし、複数の大都市で水素爆弾が炸裂したら、水爆から発した灰や煙は成層圏にまで到達し、ジェット気流によって約一〇年間、地球を回り続けます。それは太陽光を遮り、「核の冬」と呼ばれる現象を引き起こします。そうなれば、日本でも夏場に霜がおりるような低温となり、食物が作れなくなります。世界は大飢饉に陥り、人類は終わるでしょう。

発表当時、この研究は「非現実的」で「信頼に足らぬ説」だと批判されました。批判したのは、アメリカの核兵器産業の心臓部にあたるオークリッジ国立研究所に勤務していたクレソン・ケニアー氏たちです。

ところが、二〇〇七年、アラン・ロボック博士、ルーク・オーマン博士、ジョージー・ステンキコフ博士らが、壊滅的な天候異変の可能性を確認する論文をシリーズで発表しました。地球温暖化を予測するための気候モデルの技術を用いながら、多くの研究者が、カール・セーガン氏の研究は正しいものであり、むしろ過少予測であったと示したのです。

つまり、世界のどこであっても、戦争、テロ、もしくは偶発的な事故によって核兵器が使用されれば、日本を含めた全人類の生存が脅かされるということです。現在、アメリカとロシアはおよそ二〇〇〇発の核ミサイルをいつでも発射できる状態にしています。核ミサイルが一度使用されれば、それが単発で終わることはおそらくないでしょう。歯止めの効かない核攻撃の応酬になってしまうことを覚悟せねばなりません。また、そのような狂気の戦争状態に陥れば、現存する原発は相手国の攻撃対象になってしまうでしょう。核兵器・原発の爆発が地上の広範囲を放射能で汚染し、人類の営みをすべて消し去ることになるのです。

ＮＰＴという条約

ここで、原爆投下から現在にいたるまでの、核兵器廃絶に向けた取り組みと、本書の第１章でも触れたＮＰＴという条約について簡単に説明したいと思います。

第二次世界大戦後、アメリカは核兵器をもつ唯一の国でした。しかし一九四九年にソ連が原爆を開発します。さらに一九五二年にイギリス、一九六〇年にフランス、そして一九六四年に中国が核実験を行いました。

中国の核実験の翌年、その五つの核兵器保有国は「ＮＰＴ」を提案します。これは核兵器がさらに拡がらないための試みでした。日本語では「核兵器の不拡散に関する条約」と訳され、その英単語の頭文字をとってＮＰＴと呼ばれています。ＮＰＴは核保有国側から提案されたという点が肝要です。

NPTの提案は次のような趣旨から始まりました。

「すでに核兵器を保有している私たち五カ国は、今後もそのまま核を保有していきます。核を保有していない他の国々は、今後、保有しようとはしないと同意してください。みなさんが核兵器を保有しない代わりに、私たちは原子力発電や原子力による医療技術をみなさんが得ることができるように支援します」と。

この提案に対して、非保有国は返答しました。

「いや、それは十分でない。その提案は一時的な解決策にすぎない。最終的解決策は、すべての核兵器の廃絶しかあり得ず、核のない世界にもどすことです。それを条約に盛り込みましょう」。

このようなやりとりを経て、核保有国は条約の第六条に、「全面的かつ完全な軍備縮小に関する条約について、誠実に交渉を行うことを約束する」と明記しました。この約束をもってNPTはスタートしたのです。

にもかかわらず、核保有国はその後、「全面的かつ完全な軍備縮小」について向き合うことを一度たりともしませんでした。確かに「削減」は行われました。最大時は七万発以上とも言われていた核弾頭は二〇一三年に約一万八〇〇〇発にまで減り、今なお削減されています。しかし、それでもなお現存する核兵器は人類を何度も絶滅させる威力を持っています。人類にとって「削滅」ではなく、「廃絶」が必須のゴールであることは当然です。

このNPTは一九七〇年の発効時から五年ごとに再検討されるとの合意がありました。「NPT再検討会議が……」というニュースを聞いたことがあるかもしれません。しかし、核兵器廃絶に向けての動きは遅々として進まず、NPT発効から二五年後の一九九五年、会議は大きく荒れました。端的に言えば非保有国が心底、怒ったのです。

「もし、保有国が永遠に核を持ち続けるのなら、なぜ、私たちは核兵器開発を抑制されなければならないのか」。つまり、第六条が反故《ほご》になっているという批判です。特に中東のアラブ諸国が怒りました。

非保有国の怒りを鎮めるために、保有国側はそれなりの対応をしましたが、相変わらず曖昧な表現によるその場しのぎであり、核兵器廃絶への具体的な構想を示すことはありませんでした。このように非保有国と保有国との溝が明白になったのがこの時期です。

その後、二〇〇〇年、二〇〇五年にも再検討会議は開催されました。二〇〇〇年には若干の進展もありましたが、翌年にアメリカで同時多発テロ事件がおき、世界情勢は大きく揺らぎました。ブッシュ政権は「テロとの戦い」を標榜し、二〇〇五年のNPT再検討会議は進展どころか最終文書さえ出せない、完全な失敗に終わりました。こうして、今までNPTのために費やされた努力はまったく無駄だったかのような状態となってしまいました。

ところが、二〇〇八年ごろから状況に変化が生じます。たとえば、アメリカの元国務長官のキッシンジャー氏らが核兵器廃絶を強く主張するようになります。核兵器の拡散に歯止めがかからず、テロリストの手に渡る危険性さえある。それならば核を持っているよりも世界中からなくす方が安全だ、という考えでした。こうした主張はキッシンジャー氏だけでなく、国際的に有力な政治家からも同様な主張が出始めました。

そして、オバマ大統領の就任があり、希望を持てるムードが表出します。オバマ大統領は二〇〇九年に、プラハで核兵器廃絶に向けた演説を行い、大きなニュースになりました。一番の核兵器保有国のリーダーが「核兵器をなくしましょう」というメッセージを明確に口にしたことは、とても刺激的でした。

私自身も当時、2章と3章で紹介した全米原爆展を終え、手応えを感じていた時期でしたので、新たな期待を膨らませていたように思います。

そして、二〇一〇年のNPT再検討会議を迎えます。参加国の期待を反映して、楽観的かつ協力的な雰囲気で会議は始まりました。各国の軍縮担当大使は、次々と核兵器の危険性と、自分たちの国も核兵器をなくすことを心から望んでいると訴えました。しかし、徐々に雲行きが怪しくなってきました。そして結局、オバマ大統領のもとにあるアメリカをはじめ、核兵器保有国はどこも、二一世紀の間に核兵器を廃棄するつもりがないことが露見したのでした。つまり、総論はよかったものの、廃絶への具体論になると、保有国は、やはり拒否反応を明確にしたわけです。

この二〇一〇年の会議の結果、核兵器廃絶を目指す活動家たちは、進展の望みが絶たれ、長年の苦労も報われない気持ちで深い落胆に陥りました。

新しい運動の兆し

このように、二〇一〇年のNPT再検討会議は空しく終わりました。しかし、逆にこの結果が新しい扉を開くことになりました。すなわち、「核保有国を抜きにして核兵器を禁止する」という、一見、無謀とも思われる斬新な方向性が導き出されたのです。

少し説明をします。二〇一〇年まで、非核保有国の大多数は、核廃絶を切望していたにせよ、核保有国が参加しないような核兵器禁止条約を結ぶことはあり得ないと考えていました。それゆえに、核保有国は核を持ち続けることができたわけです。

影響力を有するいくつものNGOですら、そのような考えから離れることができていませんでした。つまり、大多数の組織や国が、核保有国の合意なしに核兵器禁止条約は成立しないと思いこんでいたのです。ところが、二〇一〇年五月のNPTでその方向性には活路がないということを思い知らされました。

こうした経緯があって、二〇一〇年七月、広島でのことです。当時一四四カ国・四〇六九の自治体からなる平和首長会議において、カナダの元国会議員、ダグラス・ローチ氏が基調講演を行いました。彼はミドルパワーイニシアティブという有力なNGOの創設者でもあります。彼およびそのNGOも、他の団体の例にもれず、それまでは核保有国抜きでの禁止条約には反対の立場でした。

ところが、彼は基調講演で次のように切り出したのです。

「機は熟した」。

それは非核保有国が核兵器を禁止し、その条約によって核兵器を違法とすることを、核保有国の参加があろうがなかろうが、進めなければならない、という趣旨でした。それまでとは異なったローチ氏の主張は、熱狂的な支持をもって迎えられました。この会議は、新しい局面を切りひらくきっかけとなりました。

しかし、この斬新な発想はすぐには具体的な形となって姿を現すことはありませんでした。NGOや国レベルにおける、水面下での動きが続きました。なぜ、「水面下」なのかと言えば、この新しい発想に対して保有国側が黙っていなかったからです。強い危機感と怒りにより、この発想の実現を阻止しようという露骨な動きを始めたのです。

この水面下のせめぎ合いが一年以上続いたように思います。しかし、翌年の二〇一一年一一月に、強力な後押しがありました。赤十字国際委員会が声明を出したのです。同委員会は、一九四五年から核兵器廃絶を主張してきましたが、その長年の歩みのなかでも今回の声明はきわめて重要な内容でした。その要点は以下の通りです。

- 核兵器が使用されればその被害は甚大であり、もはや人道支援はできない状況に陥る。
- いかなる核兵器の使用も人道上の壊滅的被害をもたらすという意識を高めなければいけな

い。

・核兵器の使用を禁止し、完全に核兵器を撤廃するために迅速に誠意をもって交渉すべきである。

赤十字国際委員会がこのように明確な声明を出すことは、今までめったになかったことです。特に、政治的な問題に関することには、慎重な立場をとるのが常でした。にもかかわらず、同委員会は人類存続の危機であるという見地から、このような強い声明を出すにいたったのです。

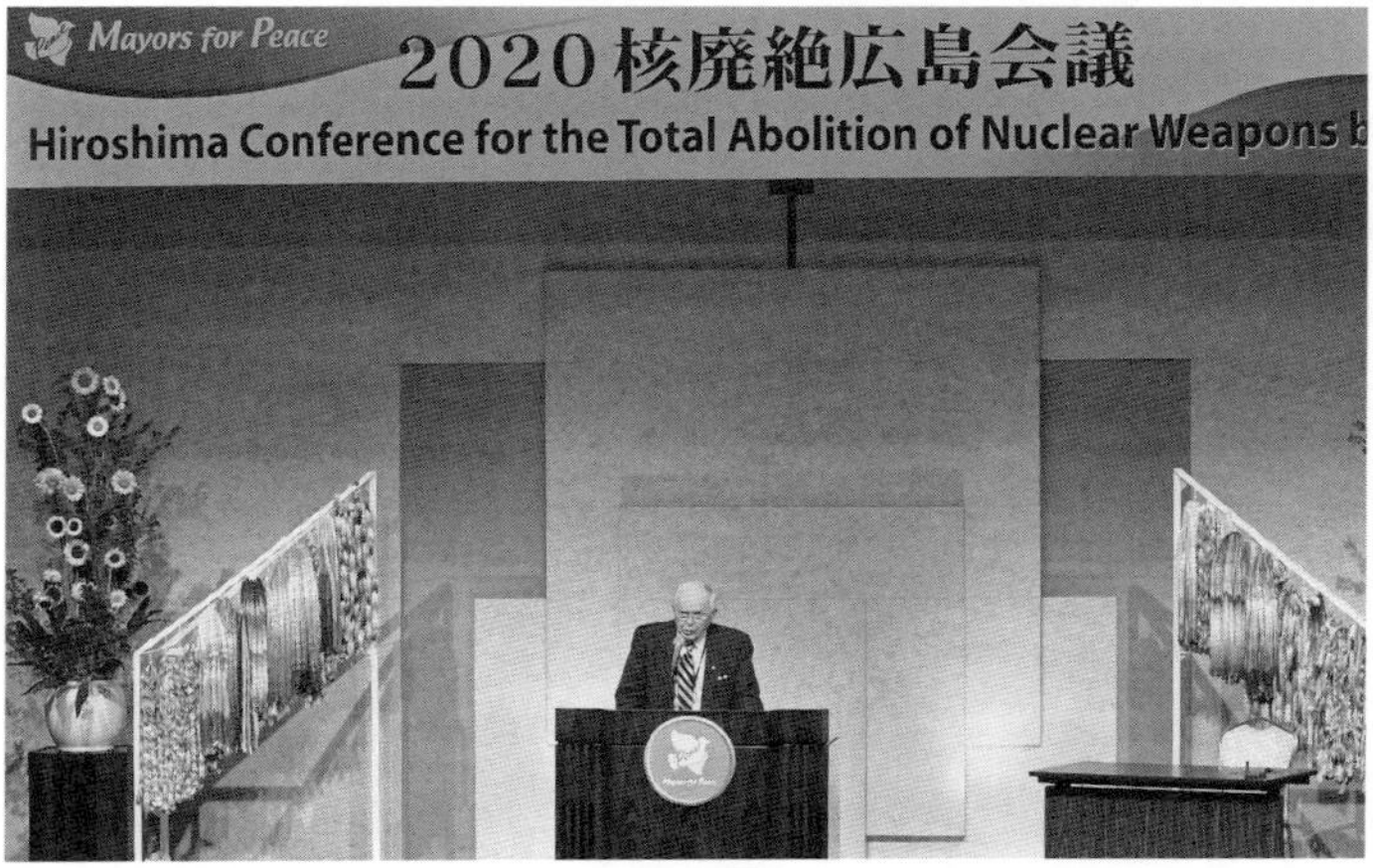

2020 核廃絶広島会議で基調講演をするダグラス・ローチ氏(写真提供：平和首長会議事務局).

新しい運動の始まり

二〇一〇年の平和首長会議のローチ氏の講演から始まった発想が具体的な姿を現したのは、二〇一二年四月、オーストリアのウィーンにおいてでした。二〇一五年のＮＰＴ再検討会議のための最初の準備委員会です。その会合で赤十字国際委員会が本部を置く国、スイスが口火を切ります。オーストリア、ノルウェー、メキシコなど計一六カ国の賛同を事前に取り付けて、スイスは次のような共同声明を提案しました。

「いかなる場合においても、核兵器が二度と使用されることのないようにするというのが最重要課題である。そのためには、実効ある国際的な管理のもと、NPT第六条の完全実施によって、絶対に、後戻りできないよう誰の目にも見える形で核兵器を廃絶するよりほかはない。国家は核兵器を非合法化し、核なき世界を実現するよう努力しなければならない」。

とても強く明確な内容でした。こうして二〇一二年の準備委員会は、核兵器の非合法化を議論することから始まりました。それは、今までになかった画期的な会議となりました。

この声明の文面は、外交面においても充分考慮され、慎重な言葉遣いがされていました。しかし、その内容の意味するところは、核保有国が四〇年以上も核兵器廃絶を約束しながら何の進展もなかったことに対して、「世界はもう待てない」という問題解決を迫るものでした。核兵器を管理することが困難になり、だれでも簡単に核兵器を手に入れることができるようになる前に、まず核保有国が自らの特権を放棄しなければならないと強く訴えているのです。

「もう、《核抑止論》は聞きたくない。核保有国の国益や国家安全保障の論議にも、うんざりしている。核保有国に、世界の文明を破壊し、人類を破滅させるどのような権利もないのだ。

今までのような空疎な議論は止めて、人類の敵である核兵器を絶対に破棄しなければならない。ゆえに、核保有国が動かないとしても、国際社会は一致団結して核兵器を禁止する制度を打ち立てるしかないのだ」。

声明は、そのような意志の表れでした。

ちなみに《核抑止論》とは、対立する国家間において、核兵器を保有していることが互いに核兵器の使用を躊躇させる状態を作り出し、結果として重大な核戦争につながる全面戦争が回避されるという考え方です。しかし、この論理の誤りはすでに一九七五年ごろから、科学者の国際会議であるパグウォッシュ会議などで指摘されています。

この重要な声明が発表されるとすぐに、核廃絶を求める人びとは、ついに非核保有国が核保有国に挑戦する勇気を出したと、大いに歓迎しました。

以上が二〇一二年四月に始まった「新しい運動」のあらましです。長年の核兵器廃絶への道は、全く新しい扉を開き、進むことになったのです。

第5章　核兵器禁止条約をつくる

「新しい運動」は今

二〇一二年一〇月、国連総会においても前章で紹介したスイスなどの共同声明と同じような声明が発表され、それに三五カ国が賛同を示しました。

二〇一三年三月に、ノルウェーは「核兵器の人道的影響に関する国際会議」をオスロで開催しました。核保有国はこの会議をボイコットしましたが、核武装しているインドやパキスタンを含む一二七カ国が参加しました（「核武装している国」というのは核兵器を持つ国、「核兵器保有国」というのはNPT参加国で公式に核兵器を持つことが認められている五カ国を指します）。

この会議はとても意義深いものでした。「核保有国が参加しなくても前進しよう！」という機運が明確に現れました。このオスロでの会議の注目点は、国レベルの政府間会議とともに活動家レベルの会議も開催されたことです。これは核兵器廃絶国際キャンペーン（ICAN）が主催し、多くのNGOや五〇〇人余りの若い活動家が集まり、多くの成果を生み出しました。そして、国レベルではメキシコが次回会議を開催する提案を行うなど活気に満ちたものでした。

その後も、二〇一三年四月にジュネーブで、二〇一三年一〇月に国連総会でも、この運動の声明は出され、それを支持する国がさらに増えました。

二〇一四年二月、メキシコがナヤリットという町で第二回目の「核兵器の人道的影響に関する国際会議」を開催しました。国連に加盟する一九三カ国のうち一四六カ国の意を受けて、議長は「核兵器をなくす」交渉プロセスの時が来た、とはっきり述べました。また、ヒロシマ・ナガサキ原爆投下から七〇年にあたる二〇一五年が「そのとき」であり、このナヤリット会議は「もはや後戻りできない地点」だと、強い確認がなされました。

二〇一四年一二月、オーストリアのウィーンで第三回目の「核兵器の人道的影響に関する国際会議」が開催されました。この会議には、核保有国のなかからアメリカとイギリスが初めて参加したことを含み、過去最多の一五八カ国の参加がありました。しかし、核保有国が参加した結果として、核兵器の全廃を強く求めつつも、核保有国が以前から主張している「段階的な核軍縮（いわゆるステップ・バイ・ステップ方式）」も主張され、核廃絶への具体的な道筋が示されない形に終わりました。

こうして、二〇一五年五月、ニューヨークにて五年に一度のＮＰＴ再検討会議を迎えます。新しい運動が始まって以降、初めての再検討会議です。しかし、残念ながら結果は失敗に終わりました。核廃絶への具体的な取り組みを進展させることができず、最終文書を出せなかったのです。失敗の原因の一つは、「核保有国および核の傘の下にある同盟国」と「非保有国」との対立が挙げられます。保有国は相変わらず核の特権を手放すつもりがなく、その同盟国も保有国側の立場をとりました。

もちろん、スイス、ノルウェー、メキシコ、オーストリアなど大多数の国が、その対岸で努力をしているのですが、「核兵器を禁止する条約」を表明するまでにはいたらないという結末でした。その後も二〇一五年の秋に第七〇回国連総会で議論はされていますが、ＮＰＴ再検討会議の失敗が尾を引いています。

キーを握るのは日本

早足で説明しましたが、以上が現在(二〇一六年一月)にいたる概要です。ここで一連の流れに対する日本政府の態度を、時間の経過に沿って見てみましょう。

・二〇一二年四月　ウィーンでの声明(一六カ国署名)

声明発案者側から事前に日本への打診がなかったので、日本は署名をしていません。核兵器の人道上の問題をいちばんよくわかっているはずの日本ですが、誘われなかったのです。

・二〇一二年一〇月　国連総会での声明(三五カ国署名)

このときは事前に日本へ打診がありましたが、日本政府はそれに応じず、署名しませんでした。日本政府は非核三原則を提唱しながらも、「日本は、アメリカによる「核の傘」に国防を依存しているので、核兵器を非合法化すると政策上整合性がとれなくなる」という理由で署名を拒否したのです(このとき、広島市長・長崎市長をはじめ、日本の反核活動家は政府に対して大いに怒りました)。

・二〇一三年三月　オスロ会議
日本政府は出席しましたが、前向きな発言はしませんでした(この会議では声明・署名はなし)。
・二〇一三年四月　ジュネーブでの声明(八〇ヵ国が賛同)
日本政府は署名をしませんでした。このときは国内のみならず、諸外国からも日本政府の態度が非難されました。
・二〇一三年一〇月　国連総会での声明(一二五ヵ国署名)
日本政府はようやく署名に参加しました。

その後、日本政府は核保有国と非核保有国との間で曖昧な発言を繰り返しています。たとえば、「急進的な核兵器禁止条約の締結は、核廃絶のゴールをかえって遠ざける。やはり、段階的削減(ステップ・バイ・ステップ方式)がよいのではないか」と、核保有国のような提案もしています。

ここで、私が何を言いたいのかをまとめてみます。前章から書いてきたように、「新しい運動」は躍進を続けつつも、核保有国から執拗なブレーキをかけられ、核兵器禁止条約の提出寸前で足踏みをしています。また、その足踏み状態が作られたのには、「核の傘」のなかにあるいくつかの同盟国の存在があります。その一つが日本なのです。

しかも日本は、そのなかでとても大きな存在感を持っています。日本が「新しい運動」側につくのか、「核保有国」側につくのか、それで勝負が決まると言っても過言ではない状態が「今」

なのです。

日本の存在感と立場は次のとおりです。

- 世界で唯一の被爆国であること
- 憲法九条をもち非核三原則の国であること
- 平和首長会議の中心であること
- 多くの国と貿易関係を持っていること
- アメリカの親友であり、中国と大きなビジネスをしていること

このような国は、他にはありません。日本政府が「新しい運動」側に立ってくれれば、核兵器禁止条約の提出が可能となるでしょう。そして、世界の市民から大いに感謝されることでしょう。反対に、今のまま核保有国側に立ち続けるならば、人類の将来は悲観的なものとなるのです。人類共存のカギを握っているのは、まさしく日本です。

市民活動こそが社会を変える

私は過去一五年、国連や国際会議を見聞してきました。そして、会議で発言する政府代表者や外交官からプライベートな立場で内情を聞いたこともあります。その経験から、外交官の多くは自国の大企業によって、なんらかのコントロールを受けているのではないかと感じざるを得ません。つまり、核兵器に関する会議ならば、核産業から執拗な手がのびているわけです。もちろん、

すべての外交官がそうだとは言いません。しかし、国際政治の舞台裏は、そのように仕組まれていることを私たちは認識しておかねばなりません。たとえば、一人の外交官が核兵器禁止条約の早期締結を強く望んでいたとしても、そのように発言すると背後からの圧力により職を失うかもしれないのです。

ある外国の外交官が次のように語ってくれました。彼は核廃絶を真剣に望んでいます。「私はＮＧＯや活動家たちへ、多くの市民を奮起させるように頑張ってほしいと、いつも励ましています」と。つまり、外交官自身に廃絶への信念があったとしても、それを国際舞台で発言するには、よほどの市民活動が背景になければ実行できない。そういう歯痒《はがゆ》さを抱えているのです。

核廃絶は人類共存への急務であることは、すでに述べてきた通りです。そして、その問題を審議する国際会議には、このような舞台裏があるのです。私はこうした経験から、市民の意志が国際舞台に反映される道のりを常に考えてきました。個々の市民に何ができるのか。私の考えの一端を、以下に列記します。

①核兵器の問題を語り合う

唯一の被爆国である日本に住んでいても、「核の冬」という研究成果を知らず、《核抑止論》が正しいと思いこんでいる人は少なくないと感じます。さらには、核廃絶への新しい運動に、日本政府が腰の引けた態度であることを知らない人も多いはずです。まずは友人、同僚、近所の人たちと話をしてみてください。情報量のギャップがよくわかると思います。そして、本書の内容や、核兵器廃絶日本ＮＧＯ連絡会のウェブサイト(https://nuclearabolitionjpn.wordpress.com/)にある情報を伝え、核兵器の問題について関心を共有してみてください。講演会・シンポジウム・コンサート・祈りの集会・デモ・署名活動などが大きな役割を果たすことでしょう。

核兵器や核戦争を好んでいる人は皆無です。問題は人びとが核兵器の危険性を深く認識していないことです。「無関心」であることこそが最も残念なことです。

②諸活動との協働を

核兵器廃絶は、反核活動家たちだけでは達成できません。分野の異なる活動との協働が大切です。私たちが住む世界がより良い場所となるように努力しているさまざまな人びとの助けが必要です。原発、環境、憲法九条、基地、人権、福祉、貧困などの課題に取り組んでいる団体のメンバーです。どの活動もとても重要ですが、核兵器の存在はそれら全体の上に圧しかかる大敵です。核兵器を所有して互いを威嚇している間は、人間社会の問題を根本的に解決することは不可能です。つまり、真の問題は兵器ではなく、「核兵器的な考え方」なのです。その考え方を許し続けるならば、他の問題解決にも悪い影響を与えてしまいます。

③金融機関を選ぶ

世界の大企業のうち、約二〇社が核兵器から多額の利益を得ており、それらの企業は世界中の三〇〇にも及ぶ大手金融機関から投資を受けています。残念ながら日本の金融機関もその投資に関わっています。核兵器廃絶国際キャンペーン（ICAN）のウェブサイト「核兵器に投資しないで」（http://www.dontbankonthebomb.com/英語のみ）を見れば、それらの金融機関のリストがあります。それらの金融機関が投資を中止すれば、核兵器産業は今までのように国際社会をコントロールすることができなくなります。

私たち市民は、核兵器産業自体をボイコットすることはできませんが、金融機関を選ぶことはできます。核産業に投資をしている金融機関から預金を引き出し、そうでない金融機関を選んで預けてください。さらに預金を引き出したときに、その金融機関に理由を伝えると有効です。市民によるそうした行為が積み重なれば、金融機関は投資を中止してくれることでしょう。

禁止条約が提出されれば

右に挙げたような市民活動が日本で活発になれば、きっと日本政府も今までのような態度を続けることはできなくなります。そして、核兵器廃絶の新しい運動に大きな刺激を与えることになります。

非公式ですが、すでに一五一カ国が核兵器禁止条約が提出されれば署名すると示唆しています（ICANのウェブサイトを参照）。もし、日本も参加の立場を明確に表明すれば、その一五一カ国はどれほど喜び、勇気を得ることでしょうか。それほど日本は重要な位置にある国なのです。

ところで、次のような疑問が聞こえてきそうです。

「核兵器禁止条約が結ばれるだけでは、核兵器はなくせないだろう。まして、核保有国抜きの条約では効果がないのでは？」

そう考えるのは無理もありません。しかし、この疑問には過去の経験が答えとなります。国際社会は一九九〇年代から二つの貴重な経験をしました。一つは対人地雷、もう一つはクラスター爆弾への取り組みでした。それらを撲滅することが、大国の同意があろうがなかろうが、努力すれば可能であることがわかったのです。その経験が、今度は核兵器を非合法化する道に示唆を与えることは間違いありません。

簡単に説明しましょう。対人地雷をなくすために活動家や外交官たちは二〇年以上にわたり努力してきました。それは、対人地雷を国連の枠組みのなかで禁止するというやり方を目指していました。ですから、国連に携わる人以外は、ほとんどこの活動を知る機会がありませんでした。そのため、拒否権を持つ大国は、国連の席で条約の進展を堂々と遮ることができたのです。

しかし、一九九〇年代に入ると、国連の枠組みの外で禁止条約をつくるべきだという方向性が模索されます。具体的には、カナダ政府の強い支援により、「地雷禁止国際キャンペーン」が一九九二年に始まりました。その禁止条約のキャンペーンは草の根レベル、あるいはメディアを通じて成長し、国連とは別のレベルで条約の準備が進みます。そして一九九七年、対人地雷禁止条約が国際社会に姿を現すと、瞬く間に一二二カ国が署名しました(二〇一三年には一六一カ国が署名しています)。

さて、そこからが重要なのです。この条約が発効してから、国際社会は実際に大きく変化しました。まず、地雷を製造する国が劇的に減少しました。そして、アメリカも姿勢を変化させます。アメリカはこの条約に署名はしていませんが、一九九七年から製造を中止し、一九九九年から二〇〇八年にかけて「地雷禁止国際キャンペーン」に約八億ドルの助成をしているのです。

すなわち、この条約は国連の枠外で企画・推進されたわけですが、そのキャンペーン自体の求心力によって具体的な成果をあげたということです。国連の中枢メンバーではない人びとが自分たちの身を守るために対人地雷禁止条約をつくり、それが国連加盟国の八三％もの国々によって署名されるなど、誰も考えなかったことでした。しかし実行してみると、国際社会は「地雷は悪いものだ」という見解で一致したのです。そして、「地雷を製造することも、使用することも悪だ」とみなしました。

以上が、対人地雷を禁止するという運動が世界に示した重要な事実であり、国際社会が経験したことです。二つ目のクラスター爆弾の撲滅についての報告は略しますが、グローバルな意識転換によって、対人地雷よりもさらに短い期間で禁止条約の署名が行われ、効力を発揮しています。

対人地雷禁止のキャンペーンは三年から四年間におよび、数百万ドルが費やされました。イギリスの故ダイアナ妃はそのキャンペーンに賛同し、積極的に対人地雷禁止を世界に訴えました。一九九四年から九六年にかけて、毎日のようにダイアナ妃はテレビに出演し、地雷により手や足を失った子どもと一緒にいる映像が放映されました。そうして、地雷がいかに残虐な兵器であるかを人びとの心に訴え続けたのです。

ダイアナ妃のテレビ映像は、本当に大きな効果がありました。やはり、現代社会はテレビをはじめインターネットなどのメディアから強い影響を受けています。核兵器禁止条約が国際社会に登場する見通しがつけば、ダイアナ妃のように影響力のある人がメディアを通じて「核兵器は悪」であることを効果的に訴えてくれることでしょう。そして世論形成がなされ、条約発効を促していくに違いありません。

このように、核保有国抜きの条約をつくって核廃絶を進めるという発想は、対人地雷禁止、クラスター爆弾禁止の取り組みに続くものなのです。

【第二刷にあたっての補足】

本書刊行の翌年(二〇一七年)七月、国連で核兵器禁止条約が加盟国の三分の二を超える一二二カ国の賛同を得て採択された。二〇一九年九月末現在、三二カ国が批准書を提出している。同条約は、五〇カ国目の批准書が国連に提出された九〇日後に発効となる。

エピローグ　「戦争文化」から「平和文化」へ

核兵器以外の人類の問題

核兵器は人類の存続を考える上で、とても大きな問題です。しかし、人類はもう一つ大きな問題をかかえています。「地球環境」の問題です。

私たちは、近代に入ってから、大気・海洋(水)を著しく汚染してきました。それは人類が犯した余りにも大きな過失であり、もはや復元のためにどこから手をつけてよいのかわからないほど深刻な状況です。つまり、「核兵器」と「地球環境」は、人類のかかえる二つの大問題であるということです。そして、どちらも解決できなければ、人類は絶滅を覚悟しなければなりません(核兵器の問題は原発の存在も含みますが、ここでの言及は省略します)。

ところで、二〇一五年一一月末から一二月にかけて、国連気候変動枠組み条約の第二一回締約国会議(COP21)がパリで開催されました。地球温暖化を産業革命前から一・五度未満に抑えるよう努力することで各国が合意したことは画期的だと、もてはやされました。しかし、切実な被害を受けている国々からは、義務化のない協定では不十分だと批判が上がりました。

私の目から見れば、COP21の合意では全く問題解決になっていないと思えます。なぜならば、相変わらず先進国を中心に自国の富や力を競争によって守ろうとしているからです。さらに、経済的に弱い国や先住民、科学者、活動家たちは、最後の交渉の会議から排除されています。先進国は、問題解決よりも交渉に勝つこと、協力よりも競争を優先しています。そして、今回の協定で約束したCO２対策が将来実行されたとしても、今世紀中に世界各地で受ける大規模な被害は避けられないという現実が待っています。

読者の方々は「それは厳しすぎる見方だ。先進国は危機感をもって、今までにない決意を表明したのだから評価すべきではないか」と思われるかもしれません。しかし、今までの「競争の文化」の物差しで各国の動きを評価しているのでは、地球温暖化は完全に時間切れとなってしまいます。このままでは将来の人類共存は危ぶまれ、特に被害を受けやすい地域の人びとの苦難は避けられません。

「平和文化」とは

前項で「競争の文化」という言葉を使いました。

今の世の中は、ごく少数の人が喜び、大多数の人びとが苦しむ、そのような社会になっています。構造的に、経済的にそういう仕組みになっています。

「世界の貧困に関するデータ」(世界銀行ホームページ)によれば、世界の約一〇パーセントの人が、一日一・九ドル未満で生活しています。また国連は、世界でおよそ八億五〇〇〇万人(九人に一人)が、慢性的な飢餓に苦しんでいると報告しています(国連WFPホームページ)。なぜ、このようになっているのでしょうか。それにはいろいろな理由が考えられますが、一つ言えることは、現在の社会は軍事的・経済的な制度によって、ある人たちは巨大な富を得て、他の人たちは貧しい立場になる、そういう構造になっているのです。これが「競争の文化」です。言葉を換えていえば「戦争文化」とも表現されます。

人類は今まで、その「競争の文化」・「戦争文化」のなかで生きてきました。歴史を振り返れば、「競い合い」と「戦争」の繰り返しです。この「戦争文化」は人類の昔からの習性・癖のようなものです。

人類はこの習性・癖を捨てなければいけない時期を迎えました。本書で述べてきた通りのことですが、その理由は二つあります。一つは核兵器の出現、もう一つは地球環境問題です。この二つの理由から、「戦争文化」を続ければ、もはや人類が自滅してしまうことが明らかになってしまいました。そこで、「戦争文化」を卒業し、「平和文化」へ移行することが必要になるのです。

さて、この「平和文化」という発想を、私がどこで学んだかをお話しします。それは、原水禁国民会議議長だった森瀧市郎さんからです。一九四五年、広島で被爆された森瀧さんは右目を失明する大けがを負い、療養生活を余儀なくされました。そのときから原爆という武器について考え続けていました。人間にとって想像を絶する武器の出現。ひとつの爆弾が地上六〇〇メートルで炸裂し、一〇秒で広大な地域が破壊される――。この原爆という武器は人間にとってどういう

哲学者，森瀧市郎氏（写真提供：森瀧春子）

意味をもっているのか、森瀧さんはそのことを考え続けて、ひとつの重要な洞察に辿りつきます。

原爆が出現したということは、もう人間は破壊的競争によって問題を解決することはできなくなったということ。つまり、人類は戦争を止めなければならない。それが原爆の本当の意味だと、森瀧さんは考えました。戦争を止めなければ人類の将来はない、と。

森瀧さんは、さらに次のように語っています。

> 私たちは今、「力の文明」のなかに住んでいる。その「力の文明」から「愛の文明」へ移行しなければ人類に将来はない。原爆が二度と使われないためには戦争を止めなければならない。戦争を止めるためには暴力を止めなければならない。暴力を止めるためには競争をやめなければならず、その競争を止めるためには、愛を育てる必要がある。

森瀧さんは、床に臥している間、このことを考え続けました。

これが、私がお話ししている「平和文化」という考え方の源泉です。森瀧さんが広島で被爆されたのは四五歳で、その後、九二歳で亡くなるまで、ひたすら核兵器の存在と向き合い、廃絶を訴え続けました。

急所は核兵器

「戦争文化」と「平和文化」の違いを意識して、社会を見てみましょう。たとえば、現在の日本政府の方向性はどうでしょうか。

①核兵器の非合法化への協力を控え、むしろ核保有国のような発言を繰り返しています。唯一の被爆国として核兵器廃絶を提唱しながらも、核兵器の段階的削減にこだわる日本政府の態度は、国際的スキャンダルとも言われています。

②集団的自衛権の行使を可能にし、次は憲法改正を考えています。これは武力による戦争抑止であり、集団的自衛権とは間接的な軍拡です。日本政府は「積極的平和主義」という言葉をよく使いますが、実は「積極的戦争文化主義」ではないでしょうか。

③フクシマの問題を解決せずに原発再稼働を推進しています。原子力発電は、まさに二〇世紀における権力そのものです。その構造は、原子物理学者・技術者などのごく少数の集団により情報が管理され、操作されるというものです（危険な作業は立場の弱い人びとが請け負っています）。その組織には巨額の投資が集まり、中央集権的な力が与えられるようになっています。

さらに原発は、循環性をもたない「核廃棄物」を生み出します。これは未来の子孫に対する無責任な行為であり、取り返しのつかない地球の破壊行為です。原発は、地球環境問題を解決するための代替案には決してなり得ません。

日本政府の問題を三点挙げてみました。ここにはさまざまな問題が絡み合っているように見えます。しかし、これを「戦争文化」と「平和文化」という視座で考えると、共通した一連の行動だと理解することができます。

①「核の傘」から抜けることをせず、安全保障を核兵器に依存

②軍事力の増強による戦争抑止策を選択

③子孫への責務よりも、目の前の経済を優先

こうした方向性なのです。残念ながら日本は現在、「平和文化」の道を歩んでいるとは言えません。

私は、日本の人びとが「平和文化」の大切さを理解し、日本政府に対し、アメリカの顔色を気にするのではなく、独自に「平和文化」を実践するよう訴えてほしいと願っています。もちろん「集団的自衛権」「憲法」「原発」の各問題に対しても「平和文化」を訴えてほしいと思っていますが、数ある課題のなかでも「核兵器」は最も訴えやすい問題です。

日本の人びとの間に、これらの問題に対して種々の意見があることは知っています。しかし「核兵器廃絶」については、ほぼ一〇〇パーセントに近い合意が得られています。すなわち、「戦争文化」の急所は「核兵器」なのです。その問題解決をみんなで推し進めることができれば、他の問題に対しても「戦争文化」ではなく、「平和文化」で判断をするという道が、自ずと開ける

ことと私は信じています。

最後までお読みいただき、ありがとうございました。

アメリカから来た私がヒロシマで教えてもらったのが、この「平和文化」です。

また、全米原爆展を巡るなかで被爆者から教えてもらったのが、この「平和文化」です。

「平和」よりも美しく、難しく、重要なことはないということも学びました。

全米原爆展に参加した被爆者一六人のなかには、すでにこの世を去った方もいます。アメリカの聴衆を前に、緊張し、身を震わせながらも懸命に語っていたその姿を、瞼の内に思い浮かべながら、本書を綴ってきました。被爆者の方々に感謝と尊敬の念をもって、核兵器廃絶のために、しっかり努力をしなければならないと強く感じています。読者の方々も本書を通じて被爆者の心を感じていただけたならば、ぜひ協働をしていただきたいと思います。

核兵器廃絶こそが、被爆者への最高の贈りものです。

スティーブン・リーパー(Steven Leeper)

1947年，アメリカ・イリノイ州生まれ．2007年，外国人として初めて広島平和文化センター理事長に就任(〜2013年)．全米における原爆展の開催や核兵器廃絶をめざす「2020ビジョンキャンペーン」など，広島から世界に向けて核兵器廃絶を訴えてきた．

現在は「豊かさを問う交流の場」として，広島県三次市に「平和文化村」を開設．そこから，持続可能な生活を実践するモデルを国際社会に示そうと活動中(https://www.facebook.com/PeaceCultureVillage/)．米国では「PEAC Institute」副代表を務める．広島女学院大学，長崎大学の客員教授．

著書：『ヒロシマ発 恒久平和論 Hiroshima Resolution 増補改訂版』(有限会社シフト，2015年)，『日本が世界を救う――核をなくすベストシナリオ』(燦葉出版社，2014年)．

編集責任：森　俊英
編集協力：西嶋民子・山本真左美・井上茂樹

アメリカ人が伝えるヒロシマ
――「平和の文化」をつくるために　　岩波ブックレット944

2016年2月5日　第1刷発行
2019年10月15日　第2刷発行

著　者　スティーブン・リーパー

発行者　岡本　厚

発行所　株式会社 岩波書店
〒101-8002 東京都千代田区一ツ橋2-5-5
電話案内 03-5210-4000　営業部 03-5210-4111
https://www.iwanami.co.jp/booklet/

印刷・製本　法令印刷　　装丁　副田高行　　表紙イラスト　藤原ヒロコ

ISBN 978-4-00-270944-4　　Printed in Japan